INVENTAIRE
XALGLS

X

Tableau historique et comparatif
de la langue parlée
dans le midi de l'Europe

par Mary-Lafon

1841

TABLEAU

HISTORIQUE ET COMPARATIF

DE LA LANGUE ROMANO-PROVENÇALE.

PARIS. — IMPRIMERIE D'A. RENÉ ET Cie,

RUE DE SEINE, 32.

TABLEAU

HISTORIQUE ET COMPARATIF

De la langue parlée dans le midi de la France

ET CONNUE SOUS LE NOM DE

LANGUE ROMANO-PROVENÇALE

PAR

M. MARY-LAFON,

MEMBRE DE LA SOCIÉTÉ ROYALE DES ANTIQUAIRES DE FRANCE, DE LA SOCIÉTÉ
DE LINGUISTIQUE DE PARIS, PRÉSIDENT DE LA 2ᵉ CLASSE DE L'INSTITUT
HISTORIQUE (LANGUES ET LITTÉRATURES), EX-RÉDACTEUR EN CHEF
DU JOURNAL DE LA LANGUE FRANÇAISE ET DES LANGUES
EN GÉNÉRAL, ETC., ETC., ETC.

PARIS

A. RENÉ ET Cⁱᵉ, IMPRIMEURS-ÉDITEURS,

RUE DE SEINE, 32.

1841

INTRODUCTION.

La langue d'un peuple est sa vie et comme
son âme. Tout ce que les générations laissent
en se succédant sur la terre périt ou s'efface :
seule la langue survit; et quand la tombe a
consumé jusqu'à la cendre même de ces générations, quand il ne reste de leur passage ici-
bas que des ruines ou des traces incertaines,
la langue qu'elles parlèrent, toujours intacte,
toujours aussi jeune, est là comme le souffle
immortel de leur esprit. Rarement les philologues m'ont paru comprendre tout ce que la
tâche qu'ils entreprenaient a de philosophique
et de véritablement élevé. A mes yeux, il n'en
est pas de plus belle et qui contente mieux l'am-
bition de l'intelligence. Remonter à l'origine
d'une de ces langues, qui exprima autrefois toute
l'existence d'une partie de la grande famille
humaine, la suivre dans ses différents âges,
dans son développement successif, dans son
apogée, sa décadence, et souvent sa chute ou sa

transformation, voilà de toutes les études his-
toriques celle qui me semble présenter l'intérêt
le plus réel et le plus continu.

Supposez ensuite que le peuple, dont cette
langue fut l'organe, ait disparu, que son héritage morcelé soit échu à plusieurs peuples
aujourd'hui vivants, et que l'ancien langage,
modifié selon les mœurs, les passions, les
climats, existe encore comme *verbe national*
dans une partie de l'Europe, n'est-il pas vrai
que l'analyse et la recherche historique de ce
langage deviendront une chose attrayante et
utile?

Eh bien! tels sont les avantages avec lesquels
se présente d'abord la langue *romano-pro-
vençale.*

En remontant à ses premiers rudiments, on
retrouve les premières pages de notre histoire;
en observant sa marche et ses progrès, on as-
siste pas à pas à ce curieux et long travail qui
précède l'enfantement des empires; et puis,
quand elle est formée, et que ces empires dont
elle était la voix s'écroulent, c'est avec une ar-
deur plus vive encore et une attention plus so-
lennelle qu'on étudie sa renaissance dans les
temps modernes et sa nouvelle fixation dans
les temps contemporains.

La grande puissance de Rome, en effet, ne
périt pas tout entière. Ce qui était matériel, si

l'on peut s'exprimer ainsi, fut écrasé sous les
pieds des barbares; tout ce qui était moral résista
victorieusement. Le trône des empereurs, les
murailles de la *ville*, les armes invincibles des
légions tombèrent à la fois et pour toujours; la
langue des Romains, les œuvres de leurs législa-
teurs et de leurs poètes, leur civilisation si avan-
cée ne reçut aucune atteinte. La maîtresse du
monde mourut, mais ses idées restèrent, et les
formes dans lesquelles, il y a vingt siècles, elle
les jetait, les mots qui lui servaient à les exprimer, devenus les nôtres, sont maintenant
comme une chaîne intellectuelle, liant notre
présent à ce passé lointain. Il aurait donc suffi
de cette filiation antique pour m'attacher fortement au sujet; mais j'ai été porté à le traiter
et à le creuser avec toute la réflexion et le soin
dont j'étais capable, par d'autres motifs que je
dois dire. Depuis douze ans je travaille sans re-
lâche à l'histoire du midi de la France. Ma première nécessité fut d'en apprendre la langue
dans ses innombrables dialectes; car la plupart des matériaux que j'avais à mettre en œu-
vre étaient écrits dans cette langue oubliée en-
deçà de la Loire. A mesure que je l'étudiais, des
points de vue neufs et inespérés se découvraient
à mes yeux. Lorsque je crus la savoir, je conçus
l'idée de rendre mes recherches fructueuses. La
science, effectivement, se compose de deux par-

ties : la partie purement théorique et spécula-
tive, qu'on pourrait résumer ainsi, *la science
cultivée pour elle-même*, et la partie pratique
ou d'applicatio . Jusqu'ici la philologie a été
laissée en arrière sous ce dernier rapport. On
aurait peut-être le droit de l'accuser de stérilité
dans ses résultats. Et pour moi, je l'avoue, pré-
occupé de cette crainte, je me suis proposé de
donner à mon travail historique un but immé-
diatement utile.

Pour peu qu'on la regarde de près, la mé-
thode adoptée dans l'Université, en ce qui
touche l'étude des langues anciennes, est incom-
plète, étroite, défectueuse. Le point de départ
place dans le faux et celui qui enseigne et celui
qui apprend. D'ordinaire, on fait marcher de
front l'étude du français et du latin ; eh bien !
pas un grammairien encore n'a paru soupçon-
ner que la plus jeune de ces langues est la fille
de l'autre, et que par conséquent, au lieu de les
étudier séparément, on devrait les apprendre à
la fois, et procéder mot à mot, ligne à ligne,
par comparaison.

Trente-sept départements parlent une langue
inconnue à première audition, barbare même,
et que les masses, qui s'arrêtent toujours aux
impressions superficielles, ont flétrie depuis des
siècles du nom de *patois.* Quelques érudits
fouilleront bien son origine, en éclairciront, si

vous voulez, une partie; mais, il ne leur vien-
dra pas dans l'idée de dire à ces masses, qui
ignorent parcequ'elles n'ont pas eu l'occasion
ou le temps de s'instruire, de leur dire très haut,
avec toute l'autorité de la science :

« Ce que vous appelez patois est un mélange
« des divers idiomes qui ont passé depuis le
« commencement des temps sur les lèvres de nos
« pères. C'est la continuation un peu déteinte,
« dans le courant de notre civilisation nouvelle,
« de cette magnifique langue romaine qui ser-
« vit d'interprète au monde (1). Dans ce que
« vous nommez patois se réflète presque trait
« pour trait la physionomie de la noble, de la

(1) A propos d'un travail publié en 1837 sur le même sujet, et
à la suite d'un discours qu'il lui avait inspiré, l'honorable M. Sal-
verte m'écrivait :

« C'est avec une grande satisfaction que j'ai lu votre opuscule,
« et je me suis vivement applaudi de me trouver d'accord avec
« vous sur les points essentiels. Ainsi l'on ne peut douter que la
« *lingua romana rustica* ou *vulgaris* ne fût le latin altéré par une
« prononciation vicieuse et par le mélange d'une langue plus an-
« ciennement parlée dans chaque pays, le celtique dans les Gaules,
« *l'ibère* et le *celtibère* dans quelques localités ; le celtibère est en-
« core parlé par de nombreuses populations au-delà et en-deçà des
« Pyrénées.

« Plus tard, l'espagnol et le portugais ont subi le mélange de la
« langue des conquérants arabes (et non pas des conquérants ibè-
« res, comme me le fait, à tort, dire le *Moniteur*).

« Quant au celtique, *parlé dans la Basse-Bretagne* et le pays
« de Galles, et base de la langue des highlanders écossais et même
« de l'Irlandais, on le retrouve dans beaucoup de noms d'hommes
« et de lieux, *dans les provinces mêmes* où la langue romane et non
« pas *romance* l'a expulsé depuis tant de siècles. »

« belle, de l'élégante langue française d'aujour-
« d'hui. Le berceau des deux langues était com-
« mun, et leurs premiers accents furent les
« mêmes. » Ensuite, trop strictement renfermés
dans le cercle de l'investigation théorique, ces
savants ne songeront pas à se tourner vers l'Université, et à l'avertir qu'il existe quatorze mil-
lions d'individus connaissant *à priori* ces
patois romans, et que, dès-lors, au lieu de chercher à les effacer de leur esprit, au lieu de les
proscrire (1), il faut en faire la *base* de l'enseignement linguistique; car, en les prenant
pour échelle, et les comparant simultanément
au français et au latin, on démontrerait clair
comme le jour que les trois langues sont iden-
tiques, et l'enseignement dès-lors, triplant sa
portée, se simplifierait et abrégerait sa durée
des deux tiers au moins.

Telles sont les vues qui m'ont engagé à faire
et à publier ces recherches.

J'insiste sur ce qui est relatif à l'Université, et
j'y reviendrai parceque je crois qu'une marche
semblable serait un bienfait pour les études, et
que, dans ma conviction la plus sincère, ceux
qui la feront adopter rendront un éminent ser-
vice à la science et à leur pays.

L'esquisse de ce travail fut soumise l'année

(1) On se rappelle l'inqualifiable arrêté du Recteur de Cahors, si
spirituellement apprécié par M. Nodier.

dernière au jugement de l'Institut, dans le concours de linguistique. Tout en la *mentionnant honorablement*, et en donnant une complète approbation à la deuxième partie, la commission *regretta que, dans la première, les faits recueillis ne fussent ni assez nombreux, ni suffisamment vérifiés*.

J'ai fait droit à ces observations en refondant entièrement la portion étymologique. Toutefois je ne puis m'empêcher de remarquer en passant, et sans intention récriminatrice, que les critiques de la commission ne devaient m'atteindre qu'indirectement, puisque j'avais cité mes garants pour les mots anciens, et que les mots appartenant au *celto-breton*, et sur lesquels son attention s'était surtout portée, se trouvent textuellement dans les lexiques kymris, et en particulier dans celui de mon ancien et respectable ami Legonidec. Quant au reproche de n'avoir pas apporté d'abord des preuves assez nombreuses, je pourrais répondre que celles qui étaient fournies me semblaient assez concluantes pour me dispenser d'insister, devant l'Institut principalement. J'ajouterai que le *tableau des origines grecques* ne fut peut-être pas pris en considération autant que semblaient le mériter le labeur long et aride qu'il a exigé et l'importance du fait qu'il consacre. Bien loin, du reste, de protester contre le jugement de la commission, je l'ai regardé comme m'imposant l'obligation de revoir plus sévèrement encore mon ouvrage. J'ai donc remanié la première partie; une troisième a été jointe aux deux autres, et quelques pièces très précieuses (1), que j'ai eu le bonheur de trouver cette année, ont pris place à côté des documents déjà recueillis. Enfin, je me suis efforcé, autant qu'il a été en moi, de tenir ce travail à la hauteur du sujet, et de lui imprimer partout le caractère sérieux et utile du but où j'aspire, en éclaircissant l'histoire de nos langues primitives; car on l'a dit, et je le répète : « Tant qu'on en ignore « la connaissance, on ressemble à ces chevaux « aveugles dont le sort est de ne parcourir qu'un « cercle fort étroit, en tournant sans cesse la « roue du même moulin. (2) »

(1) Entre autres une ordonnance du Viguier, en 1270, sur les *robes des dames de Montauban*, l'épitaphe du *comte Bernard*, etc.

(2) De Jaucourt (*Encyclopédie*, tome 4).

PREMIÈRE PARTIE.

ORIGINES.

« On ne sauroit être parfaitement instruit de l'ori-
« gine d'une langue, si on ne connoît celle des peuples
« qui la parlent (1). »

Convaincu de la vérité de cet axiome, nous allons
commencer l'histoire des mots par l'histoire des
hommes.

Aussi loin que peuvent remonter les témoignages
écrits, on trouve sur le sol de la Gaule une grande famille, connue sous le nom de Celtique. Les uns assu-
rent qu'elle fut aborigène (2) ; les autres, lui faisant
suivre le mouvement du soleil (3), l'amènent de l'O-
rient ; mais tous s'accordent à la présenter comme la
famille-mère(4). Dans des temps qui n'ont jamais été ap-

(1) Duclos. — (2) Timagène. — (3) Leibnitz. (De origine gentium.)
(4) Aristote, Herodote, Ephore, Diodore de Sicile, César.

Τούς ὑφ'Ἑλληνῶν γαλάτας χαλούμενους γομαρεῖς δε λεγόμενους γο-
μαρος ἔχτισε.   (Josèphe.)

Γαμερ ὅςε γαμαρεῖς τοῦς οὖν γαλάτας συνέςησεν.
          (Eustathe d'Antioche.)

Γαμηρεξ οῦ χελθαίοι. (Chronique Paschale.)

préciables, et sans doute à mesure que la population croissait, cette race primitive se divisa en une infinité d'essaims qu'on voit, s'éloignant de la ruche maternelle, s'établir à part sur le continent actuel, et prendre pour nom particulier le mot de la langue commune qui exprime la cause déterminante ou la position de leur établissement. Ainsi la jeunesse qui, sortant des forêts, bâtit ses huttes sur les rudes plateaux du Quercy, s'appela tribu des Craïgouci (habitants des pierres); celle des monts voisins, la tribu des Libres, Ruddènes; celle qui s'empara du Vivarais, la tribu des Hauts-Lieux, Uheles ; celle qui descendit dans le bassin de la Garonne, la tribu des Remuants, Bolkes ; celle qui, longeant la mer, poussa jusqu'au fond du continent, la tribu d'au-delà Kelt-uber (1), Uber ; celle qui franchit les Alpes et renonça, dans la Suède et en Italie, à la vie nomade de ses pères, la tribu des Ligures, de Ligein (2), demeurer. Mais, indépendamment de ces qualifications propres à chacune d'elles et servant à les distinguer et à les caractériser, toutes gardèrent le nom générique de Celtes (3). Les historiens n'ont eu qu'une voix sur ce point. Il résulta également de cette communauté de familles et de mœurs qu'elles parlèrent toutes la même langue , variée selon les climats par la seule prononciation d'abord (4), et puis par les élé-

(1) Adrianus, Periekius. — (2) Plutarque, Strabon.

(3) On me permettra de ne pas adopter la théorie du savant auteur de l'histoire des Gaulois sur la triplicité des races, et d'essayer de prouver dans le cours de ce livre contrairement à ses assertions :

1° Que la race dite Ibère avait de nombreux rapports par la langue avec les prétendues races gallique et kymrique ;

2° Qu'il n'existait pas de différence entre les Galls et les Kymris ;

3° Que ces trois races étaient trois ramifications de la même souche, et que rien n'autorise à dire que l'une d'elles a précédé les autres sur le sol gaulois. — (4) Strabon, liv. 4.

ments nouveaux qu'y mêlèrent les étrangers. Les premiers dont on aperçoive confusément l'arrivée furent des Phéniciens, qui, 1,600 ans avant notre ère (1), prirent possession des côtes. Comme ils n'avaient pour but que le négoce, ils lièrent des relations avec la généralité des tribus, jetèrent partout des comptoirs, ouvrirent des routes, commencèrent l'exploitation des mines, et, se familiarisant peu à peu avec les indigènes, émoussèrent leur rudesse native ; puis, en échange de leur résine, de leur poudre d'or et de leurs pelleteries, ils leur laissèrent le culte de Tyr et l'ébauche des arts utiles. Cette mission préparatoire accomplie, les Phéniciens firent place aux Grecs. Dès lors le littoral se couvre de colonies qui brillent au bord de la barbarie celtique comme des phares civilisateurs. Les nouveaux venus, naturalisés sur la terre que les Phéniciens avaient baptisée Ar-Mor-Raike (1), la défrichent, y transplantent la vigne et l'ombragent de tous les arbres précieux de la patrie, tels que le figuier, le citronnier, l'aloès. Bientôt le monopole commercial tombe exclusivement dans leurs mains. Ils s'enrichissent, s'étendent, et déploient énergiquement leur influence sur tout le midi de la Gaule. Cette domination morale commence aux temps les plus reculés, et ne finit que 150 avant Jésus-Christ.

A cette date les Romains arrivent à leur tour : une lutte désespérée s'engage entre eux et la vieille nationalité celtique : celle-ci, divisée, comme nous l'avons vu, en membres épars, et depuis trop de siècles accoutumée à la vie individuelle, pour se réunir sous le même drapeau, bien qu'il s'agisse du salut commun,

(1) Ou Arworek-Samuel Bochart. — (2) Contrée maritime. Pline.

est écrasée en détail au bout de 80 ans de résistance. Rome légitime aussitôt sa conquête. Le jour où ses légions quittent l'épée, elles prennent la pioche. Les liens physiques et moraux qui enchaînaient nos pères au sol natal sont rompus : des voies monumentales détruisent l'isolement et relient entre elles les tribus dispersées; des communications continuelles adoucissent leur sauvagerie; les temples, les amphithéâtres, les grands édifices publics, surgissant comme par miracle au milieu des *burgs* antiques ou des cités rajeunies, détachent leurs idées de la hutte des ancêtres. Forcées en même temps dans leurs rapports quotidiens d'apprendre la langue des conquérants (1), d'obéir à leurs lois, de se plier à leurs mœurs, elles sont si promptement transportées sur le terrain de la civilisation romaine, que le midi de la Gaule devient une seconde Italie. Puis, quand la fusion est complète, l'Empire battu de tous côtés par des flots de barbares, chancelle et tombe. Les peuplades gothiques franchissent le Rhin, et viennent au midi recueillir son héritage : c'est un élément nouveau qui, presque sans fouler personne, tant les places étaient nombreuses encore, s'établit au sein de cette population celtique, mêlée de Grecs et de Romains, et les domine 300 ans.

Mais, ce temps écoulé, une réaction violente s'opère dans le sens oriental. Comme si les hommes du Levant avaient mission de venger leurs frères, les émigrants de l'Asie supérieure, les Sarrasins accourent, passent comme un tourbillon exterminateur sur l'Espagne, brisent sous les fers de leurs chevaux la puissance gothique des deux côtés des Pyrénées, et plantent

(1) Saint Augustin. Valère Maxime.

l'étendard du Prophète « depuis le golfe de Saint-
« Tropez jusqu'au lac de Constance, depuis le Rhône
« et le Jura jusqu'aux plaines de la Lombardie (1), de-
« puis la Garonne jusqu'à la Loire. » Leur occupation
ou leur invasion dure deux siècles, et ne disparaît que
devant une dernière réaction germanique, laquelle,
portée plus tard par le flot sanglant de la croisade des
Albigeois, parvient à prendre pied sur cette terre romaine et à s'y affermir enfin après avoir culbuté l'é-
lément normand (2).

Il résulte ainsi de ce court résumé, que de l'époque
conservée par Timagène à 1,200, c'est-à-dire pendant
vingt-huit siècles, six peuples divers ont habité le
pays nommé successivement Armorique, Aquitaine et
Provence, savoir :

Les Celtes ou Gaulois, au moins quatorze cents ans.
Les Phéniciens et les Grecs, six cents ans.
Les Romains et les Goths, six cents ans.
Les Sarrazins, deux cents ans.

D'où il faut nécessairement conclure que la langue
formée dès le douzième siècle, et parlée encore aujourd'hui, ne saurait être qu'un mélange des langues
de ces peuples.

C'est ce que nous allons examiner, en la comparant
à ces dernières dans l'ordre chronologique.

(1) Reinaud. (Invasions des Sarrazins.)
(2) Représenté par les Anglais.

CELTE PROPREMENT DIT.

Grâce aux admirables travaux de Wilkins, Wilson, Humboldt, Bopp, et surtout à ceux de notre illustre compatriote, M. Eugène Burnouf, nous pouvons marcher aujourd'hui avec assurance sur ce terrain, encombré avant eux d'hypothèses ridicules et d'erreurs (1). Le sanskrit va nous guider dans la nuit des temps écoulés; il va être notre colonne lumineuse. Entre l'idiome indien et le celte, il existe en effet une parenté si étroite, que le premier doit suffire, même dans les plus rigoureuses exigences, pour contrôler et attester au besoin l'authenticité du second. Fort de ce critérium irrécusable, j'aurais le droit sans doute d'abréger la partie la plus aride de ma tâche; mais comme en pareille matière un excès de réserve ne saurait nuire, je demande la permission de me tenir dans des limites inflexibles, et de ne rien admettre qui n'ait été préalablement prouvé par l'histoire.

PARTIE ARCHÉOLOGIQUE.

Je comprends sous ce titre les débris parvenus jusqu'à nous, et les noms de lieux, fleuves et montagnes, que le temps n'a pas effacés.

Voici d'abord les mots transmis par les anciens et placés en regard du terme correspondant dans la langue méridionale du XIIᵉ siècle.

Celte.	*Langue méridionale.*	
alauda (2)	alauzetta	alouette

(1) *Le Brigant, Bullet, Rostrenen,* le père *Pezron* et *Latour-d'Auvergne,* antiquaires malheureusement plus zélés qu'instruits.

(2) Marcellus Empiridicus. (Cap. 29, de Medic.)

Celte.	Langue méridionale.	
benna (1)	benna	sorte de vehiculum
brak (2)	bragos	brayes
brance (3)	bren	son
barren (4)	barroul	verrou
becco (5)	cabecco	sotte
bresq (6)	bresco	cellules du miel
candosocos (7)	soccos	souche
casnar (8)	casnar	paresseux, flatteur
comb (9)	coumbo	vallée
colac (10)	coula	alose
culcitra (11)	culcero	lit de plumes.
essed (12)	aissiel	essieu
garre (13)	garro	jambe
gaunak (14)	ganacho	sorte d'habit
guin-meled (15)	gimbeled	vrille
garric (16)	garric	chêne
mefos (17)	maiofos	fraises

Je me tiendrai dans la même réserve pour les noms de lieux, et ne citerai que les suivants :

Bardeix (18), Bardenach (19), Bardicals (20), Bars (21), Las Barthos (22), La Barthe (23), Bardis (24), de Bardi, Druides, Brives, Brioude, Brignolles, Brivezac (25), de Brig, Briva (26), pont.

Dun-le-Palletau (27), Dunes (28), Verdun (29), Issoudun, de Dun (30), montagne.

(1) Festus sancti Remigii V. — (2) Tacite, Méla, saint Jérôme, Alcuin. — (3) Pline, liv. 18. — (4) Festus. — (5) Suetone. — (6) Pline. — (7) *Idem.* — (8) Columelle, liv. 5. — (9) Quintilien. — (10) Suétone.—(11) Pline.—(12) *Idem*, liv. 18.—(13) Perse, sat. 6.—(14) Pline. — (15) *Idem.* (16) Mot gallois. — (17) Hauteserre. (De Aquitaniâ.) — (18) Astruc. — (19) (20) (21) (22) Dordogne. — (23) Tarn-et-Garonne. — (24) Hautes-Pyrénées. — (25) (Creuse.) — (26) Strabon, liv. 4. — (27) Creuse. — (28) Grégoire de Tours, liv. 7. — (29) Tarn-et-Garonne. — (30) Plutarque, de Fluminibus.

Marquesac (1), Marquaïs (2), Marqués (3), Marque-sol (4), Marsac (5) : de mark (6), cheval.

Penassous (7), Penautier (8), Penne (9) : de pen (10), éminence.

Cantal, Canigou, les Alpes : d'Alpes, hautes montagnes (11).
Garonne : de garu.

CELTE ANALOGUE AU SANSKRIT.

Sanskrit.	*Cello-Provençal.*	
ava-tara (12)	auta	le vent du midi
aghan (13)	aghanit	exténué
kumbâ	kumbo	vallée
kûtas	kuto	cabane
kuntas	kun	coin
çikkâ	çukka	sommet
dra	draya	fouler en marchant
dal	Jalla	couper le gazon
gôyâti	goyat	garçon de ferme
yavas	bayar	orge
marrakas	marrâ (14)	maladie intestinale
mattâ	matta	folle
naukâ	nauko	barque
prus	prus (me)	il me démange
raj	raja	se dit au figuré de la lumière du soleil (15)
raisat	raïsa	couper en tranchant
ruksas	rusko	écorce
stan	estan	laine filée

(1) (2) (3) (4) Dordogne. — (5) Puy-de-Dôme. — (6) Leibnitz, De origine gentium. — (7) Dordogne. — (8) Aude. — (9) Aveyron, Lot, Lot-et-Garone, Tarn. — (10) Plutarque. — (11) Virgile, Enéïde, lib. 10; Procope B. G. — (12) Eugène Burnouf, Commentaire sur le Yaçna. — (13) Bopp, Glossair. sansk. Wilkins, Wilson. — (14) Brieude (Topographie médicale de la haute Auvergne.) — (15) *Un bel sourel de mars rajabo.* (Jasmin, l'abuglo.)

Sanscrit.	Celto-Provençal.	
tan	tan	mot par lequel on exprime le bruit de la cloche
tar	traça	percer
trut	truc et truka	blesser en heurtant
tap	tap	on nomme ainsi les coteaux exposés au soleil
	tal	
tala	surface	tranchée ouverte

Bien que le sens paraisse différer légèrement au premier abord, je n'hésite pas à regarder le mot sanscrit comme la seule et vieille racine du mot celtique, lequel en se romanisant n'a pas changé. Mais je n'oserais en dire autant de *boz*, qu'un linguiste moderne (1) tire de *b'as*, désir. Il est présumable qu'on n'est allé que jusqu'à l'analogue latin, *voluntas*. Je ferai seulement observer comme une particularité du hasard cette métalepse du *v* en *b*, qui semble ramener le verbe *volo* à son radical primitif.

klis'	klussi	se plaindre
mada	matto	folle
laz	illaüs	éclair
masta	masta	dresser la tête
dwanta	dun et trun	obscurité
blos	blous	clair
ham (zend)	hambe	avec
stamba	stampa	volet
spalla	spalla	rompre

Voilà ce qu'on peut regarder avec certitude comme le celte primitif (2). Passons maintenant à celui de ses dialectes qui, de l'aveu de tous les philologues, ayant

(1) Adolphe Pictet, mémoire couronné par l'Académie des inscriptions.

(2) Voir pour les noms de lieux basques, communs à l'Espagne et à la France méridionale, l'ouvrage de M. *Fauriel.*

autorité, lui survécut en dépit des siècles (1), et con-
tinuons le parallèle.

Celto-Breton (2). *Langue méridionale.*

aball (3)	abali	
afa	agafa	baiser
ask	osko	entaille
atiza	atuza	exciter
badalein	badailla	bâiller
baled	baled	auvent
banel	banelo	fossé, ravin
bar	bar	sommet, rempart
barat	barat	tromperie
braga (*Davies*)	bragaïre	se divertir, qui s'amuse
bren (4)	bren	son
kafuner	kafouer	chenet
kandi	kande	brillant

Je laisse ce mot malgré la ressemblance avec l'expression latine, parceque le radical *can* a toujours été
regardé comme celtique : *Cantal*, *Canigou.*

kebr	kabiro	chevron
kizel	kizel	ciseau
kanel	kanelo	bobine
klisked	klisked	loquet
kouska	souska	réfléchir
koz	koz	vieux
krouer	krubel	crible

(1) Hotteman, Daniel Picart, Cambden, S. Bochart. Les anciennes
langues celtiques ne peuvent avoir différé du bas-breton et du gallois
actuel.   (W. de Humbolt.)

(2) Tous ces mots se retrouvent identiquement dans le dictionnaire
celto-breton de *Legonidec.*

(3) Thomas Richard. (Being a british or welsh english dictionary.)

(4) Galliæ quoque suum genus farris dedère quod illi *brance* vocant.
                                        (Pline.)

Cello-Breton.	*Langue Méridionale.*	
krouera	krubela	cribler
kustum	kostum	coutume
dausa	dausa	danser

L'usage invariable de ce verbe chez les trois peuples prouve mieux qu'on ne saurait le faire et leur communauté d'origine, et leur primitive communauté de langage.

dibuner	dabauel	dévidoir
diruska	diruska	enlever l'écorce
disk et kest	desk	corbeille
distaga	destaga	détacher
fank	fango	fange
founil	founil	entonnoir
grad	grad	gré
hesk	ceska	glaïeul
landrea	landra	muser

> Filli qui *landre*,
> Tabla qui brande,
> E fenna qui parla lati
> Faran toujoun n'a mala fi.
>
>   (Proverbe dauphinois.)

lezen	lézo	lisière
loumber	loubet	lucarne du toit.
picher	picher	pot contenant une pinte

> Cos es lo corporal Baldeü
> Brabe souldat à la *picherro*,
> Lo cos es aro dins la terro
> E l'armo dins le cel beleü.
>
>   (Goudouli, Ramelet mundi. (1)

riot	riotto	querelle

(1) Ci-gît le caporal Baldeü
      Brave soldat à la pinte
      Le corps est à présent dans la terre
      Et l'âme dans le ciel peut-être.

Celto-Breton.	*Langue méridionale.*	
solier	solier	galetas

Ce mot contraste si fort par sa signification avec le solum des Latins, qui paraît avoir donné son radical *sol*, pris dans le sens *d'aire*, rez-de-chaussée, au celto-breton, que nous n'hésitons pas à le considérer comme d'origine celtique.

tach	taché	clou

Il y a ici une remarque intéressante à faire : Attacher se dit en celto-breton et en roman *staga;* la corde qui attache *stag*, et le clou *tag*. Dans ce mécanisme si simple, qui se contente pour exprimer ces trois idées du même mot, contracté seulement à mesure que l'action se restreint, ne reconnaît-on pas évidemment le mécanisme d'une langue native ?

toupina	toupi	faire le parasite, mot à mot courir le pot
bara	barat	terre labourée

En comprenant ce mot dans les dérivés celtiques, je dois faire observer qu'il se rapproche extrêmement d'ἄρτος; mais, sans me prononcer sur son origine, qui peut être aussi bien galate que gaëlique, je le note, parceque le composé roman *barat* est remarquable.

gar	garro	jambe
lagad	lagad, agacha	regarder
ronkel	ronka	ronfler
scolp	sclap	copeau

Un trait saillant de la similitude qui existe entre le celto-breton et le roman-provençal, c'est que dans les

deux idiomes une grande partie des pluriels finissent
en *ou* :

Exemples : *scolp* sclapous,
sclap sclapous.

tro	tro	circuit, jusque

Cercat ai de Monspelier
Tro lai en la mar salada...
(Bertrand de Born.'

roï	roï	donner

Ce verbe se rencontre encore dans une coutume
venue probablement par tradition des Celtes jusqu'à
nous. Le soir du mardi-gras, dans la plupart des vil-
lages du Midi, les pauvres se présentent à la porte des
riches, et murmurent ces paroles étranges :

Roët, roët,
Uno queïsso de poulet !

La supplique est toujours suivie d'une aumône
abondante, car une sorte de respect superstitieux s'y
attache encore aujourd'hui.

slaoü	siaou	écouter
tro	troü	dévidoir
uhel	uhel	haut

Les *Celto-Bretons* et les *Romano-Provençaux* forment
d'ordinaire leurs superlatifs en redoublant le positif :

Celto-breton.	uhel uhel	très élevé
Romano-proven.	gran gran	très grand

Cette forme, qui remonte sans doute à l'enfance de
la langue, se trouve également dans l'hébreu.

Tels sont les termes qui m'ont semblé porter rigoureusement le cachet de la nationalité celto-bretonne (1). Justement sévère dans ma vérification, j'ai exclu tous les mots suivants, qui figurent dans les lexiques indigènes, et qu'en dépit des *Rostrenen*, *Dom Lepelletier*, *Legonidec*, on doit rendre au latin d'où ils sortent :

Abostol (apostolus), arar (aratrum), arch' (arca), azen (asinus), badeza (batizare), kab (caput), kadoer (cathedra), kastitz (castigare), klem (clamare), klun (clunes), konikl (cuniculus), kountel (cultellus), kredi (credo), displega (displicare), scudel (scutella), sol (solum), stû (æstus), stulten (stultitia), termen (terminus), tort (tortilis), tripa (tripudiare), tinel (tina), eost (augustus), fals (falx), falch' (falco), fars (fartum), fillol (filiolus), flour (flos), fun (funis), flacc (flaccidus), luch (lux), lili (lilium), mall (malleus), plek (plicare), rastel (rastelum), gwin (vinum), felc'h (fel), forch (furca), halek (salix), kar (carrus), daül (tabula), laër (latro), leac'h (locus), nos (nox), deiz (dies), neiz (nidus), gwasta (vastare), gwerch (virgo), korf (corpus), ran (rana), caner (canere), unam (unus), daou (duo), tri (tres), seiz (septem, corruption de sex), dex (decem), me (me), te (te), hi (illi), ma (mea), ta (tua), etc.

Laissons maintenant établi ce fait, nié par quelques-uns, de la présence du latin dans le dialecte kymrique, et revenons au celto-breton, qu'on peut regarder comme

____

(1) Peu satisfait de ce qui a été écrit sur cette matière, j'entrepris, il y a cinq ans, un voyage en Bretagne, dans le but de m'assurer des rapports que je pressentais instinctivement. Je parcourus le Léonais, la haute et la basse Cornouailles, Tréguier, Saint-Brieuc, et y recueillis les mots qu'on vient de lire. A mon retour à Paris, je m'empressai d'aller faire part de ma découverte au vénérable *Legonidec* qui m'honorait de son amitié. Ce bon vieillard, un peu trop pénétré, comme tous ses compatriotes, de l'idée que le bas-breton est une langue mère et non un dialecte secondaire, nia d'abord obstinément jusqu'à la possibilité d'un tel rapport. Qu'on se figure donc sa surprise lorsque je lui montrai tous ces mots, les uns après les autres, dans son propre dictionnaire.

non altéré. Ainsi qu'on l'a vu, entre cet idiome et la langue du Midi de la France, comme entre ce qui nous reste du celtique pur et cette dernière, il existe une ressemblance réelle qui nous amène à conclure :

1° Que dans l'origine la base des deux langues dut être la même;

2° Que les peuples qui nous l'ont transmise sortaient d'une tige commune (1); donc, pour le langage du moins, les *Kymris* (2) et les *Galls* ne différaient pas et ne constituaient qu'une *race*.

J'omets les preuves physiologiques (3), qui ne sont point de mon sujet, et me hâte d'y rentrer en revenant au Midi.

Après le celte proprement dit, et sur la même ligne que le celto-breton, vient le celtibère ou basque, autre rameau de l'arbre indien.

Basque.	*Langue méridionale du XIIe siècle.*	*Français.*
ardita	ardit	liard
arnegua	renegua	jurer
arrasatcea	arrasa	raser

(1) Les Bas-Bretons sont issus des anciens Keltes. (Volney, Alphab. européen appliqué aux langues asiatiques.)

(2) Ephore.

Les Kymris étaient des Celtes. (Price, An essay on the physiognomy.)

(3) On ne peut s'empêcher de mentionner cependant la curieuse lettre du docteur W. Edwards à M. A. Thierry. On sait que ce dernier donne à ses *Galls* une stature et des membres gigantesques. Or voici ce que lui écrit naïvement le docte correspondant :

« Lorsque dans votre histoire les Romains font mention de la taille « élevée des Gaulois, ils désignent les Kymris. J'ignorais entièrement ces « faits, et cependant de mon côté j'avais reconnu que cette famille gauloise « contrastait *singulièrement par la taille* avec les Galls qui sont de stature « moyenne. »

Maintenant il n'y a à ajouter qu'un mot, c'est que les Bas-Bretons sont tous petits et trapus.

Basque.   Langue méridionale du XIIe siècle.

akhabatcea	acaba	achever
arroca	roca	roc
arroda ' (1)	roda	roue
arropa	roupa	casaque
azotatcea	azota	exciter à coups de fouet
bardera	bachela	vaisselle
balza	balma	boue
bandera	bandera	bannière
barratcea (2)	barra	barrer
barga	bargos	machine à briser le chanvre
berdanza	berdaütgé	verdier
borda	borda	métairie
bufadac (vapeurs)	bufa	souffler
canibeta	canibet	couteau
cardinala	cardi	chardonneret
cekhalea	segala	seigle
cethabea	sedas	tamis
charpa (guenille)	icharpa	déchirer
cihoua	céou	suif
colpea	colp et cop	coup
cobidatcea	cobida	convier
clisqueta '	clisqued	loquet
dastatcea	tasta	tâter
eguna	djoun	jour

Je soupçonne fort *eguna* de sortir de *dies, diurnus, a,*
au moyen d'un changement de prononciation.

enganatcea	engana	tromper
erroa	roïsse	racine
erronca	ronca	ronfler.
errota (3)	roda	roue

(1) Je marque d'un astérisque tous les mots qui se retrouvent identiquement dans le celto-breton.

(2) Celte pur.

(3) Celte pur *pcloritum.* (Horace.),

Basque.   *Langue méridionale du XIIe siècle.*

escalapoina	esclop	sabot
escasa (défaut)	escaï	surnom moqueur
estacatcea *	estaca	attacher
esquerra	esquerra	gauche
esquila	esquila	clochette
flascoa	flaco	flacon
frescoa	fresc	frais
gatua	gat	chat
herra	hergna	action d'être hargneux
harra	harna	ver qui ronge les meubles
khuya	khutza	courge
khrestatcea	kresta	châtrer
largatcea	larga	lâcher
leias (hâte)	leòu	bientôt
litchuba	latchuga	laitue
maïnada	maïnada	famille
marroa	marrol	bélier
mercatua *	mercat	marché
miraila	miral	miroir
mispira *	mispola	nèfle
ostalera	ostalier	aubergiste
ostatua	ostal	hôtellerie
osca *	osca	entaille
paldoa *	pal	pal
péca	péco	sot
pitchera *	pichera	grosse bouteille
pulita	pulit	joli
salboina (1)	sabo	savon
sesca *	seoca	glaïeul
sobra	sobre	trop
taülada	teoulada	toit
tornatcea	torna	retourner
trebatcea	treba	fréquenter

(1) Celte pur. Pline; et Martial, liv. 14, ep. 26.

Basque. Langue méridionale du XIIe siècle.

trufa (raillerie)	se trufa	se moquer
urrea (porc)	orre	sale
zaya (1)	zaïle	saye
zola (pied)	solo	plante du pied

De même que nous l'avons fait pour le celto-breton, nous relèverons, avant de passer outre, une erreur accréditée par Leibnitz (2), et qui représente la langue basque comme s'étant conservée derrière ses remparts pyrénéens, pure de tout contact étranger. Voici les marques de l'invasion latine :

Abiatcea (abire), abostua (augustus).

On a vu ce nom de mois adopté également par les celto-bretons.

Aditcea (audire), admiragarria (admirari), adoragarria (adorabilis), agradagarria (gratus), airea (aer), alaguerra (ala-cer), aldarrea (altar), alimatcea (anima), ampola (ampulla), anzara (anser), apirila (aprilis), arbola (arbos), arima (anima), arribera (rivus), artea (artis), ausarcia (audacia), balio (valor), balsamo (balsamum), bekhatorea (peccatum), bertuthea (vir-tus), bervinatcea (vina ferre), besta (festa).

Ces changements de lettres sont communs dans les contrées méridionales : ici c'est le *b* comme plus doux qui a pris la place du *p*, lequel n'est lui-même qu'un *b* renversé. L'*f* est proscrite dans tout le département du Gers et remplacée par l'*h*.

La *horca* pour furca.
La *henna* pour femina....

(1) Celte pur. Pline; et Martial, liv. 14, ep. 26.
(2) Tout en copiant Leibnitz, l'auteur du Parallèle des langues de l'Europe avec les langues de l'Inde, M. Eichhoff, a oublié de le citer.

Bi (bis), bicioa (vitium), bikhea (picea), biperra (piper),
bista (videre), borontadea (voluntas), birgina (virgo), botua
(votum), boza (vox), campoa (campos), cantorea (cantus), ca-
rastia (carus), carnacera (carnicer), coinata (cognatus), creat-
cea (creare), dafarna (taberna), dembora (tempora), dolua
(doleo), dorrea (turris), errabia (rabies), erreguina (regina),
errencura (cura), errequeritcea (requirere), inbidia (invidia),
ilea (pileus), kaba (cava), laboranza (laborare), et lama, lar-
goa, laudagarria, legua, loria, luma, manua, mayestatea, mi-
ragarria, mola, mudanza, murrua, nimia, obra, oraï, pareta,
sakella, saliga, seculan, sei, taüla, yokoa, zaporea, zortea...

Cette foule d'expressions d'origine romaine fait
ressortir plus fortement le caractère vraiment indigène, vraiment *escualdunac* des mots cités avant, et
le rapport qu'ils établissent suffit, ce me semble,
pour montrer que le celtibère ou basque fut dès le
principe à peu près analogue au celte (1).

Nul ne pourrait donc affirmer maintenant avec
M. Amédée Thierry « *Que la race ibère n'avait rien de*
« *commun par la langue avec les nations parlant le gal-*
« *lique et le kymrique.* » Il n'est pas moins évident
que le celtibère a contribué à la formation de la langue
du XIIe siècle. (2)

Sur cette première couche, s'il est permis de parler
ainsi, se superposa d'abord le phénicien ou punique.
On en retrouve dans les noms de lieux et dans les

(1) Les auteurs de l'Histoire universelle d'Angleterre, t. 5 et 19, avaient
déjà assuré que le basque se rapproche beaucoup du celte.

(2) Cette conclusion a été donnée d'avance par M. W. de Humboldt.
(Prüfung der untersuchungen über die urbewohner hispaniens vermittelst
der waskrschen sprache.) « Il n'y a aucun sujet de nier toute parenté
« entre les deux nations : il y aurait même plutôt lieu de croire que les Ibères
« sont une partie de la famille celtique séparée antérieurement de la sou-
« che primitive. »

mythes sacrés d'assez nombreuses traces que nous devons signaler, en renvoyant d'ailleurs la responsabilité à nos illustres devanciers.

De *magar* (1), habitation nouvelle, paraissent dériver :

magalo	Maguelone
magistoer	la magistère

Les anciennes cités :

Carantomag	Villefranche
Condatomag	Condat
Ebromag	Bram
Noviomag	Royan
Vindomag, etc.	Ville-de-Sauve

Et tous les endroits qualifiés *maz*, si nombreux au Midi de la Loire...

Ebro, selon de graves autorités (2), signifie fertile, *fynnon* fontaine, *istoer* fleuve, *garu* rapide, d'où Garonne ; *gabab* montagne, d'où *Gabali ;* ceux du Gévaudan ; *uhel* élevé, d'où uheles, et plus tard ονελαῦνοι *ceux du Vélai ; laith* marécageux, d'où avec la préposition *ar*, sur, Arles. Nous n'en finirions pas si nous citions (3) surtout les étymologies des villes qui semblent en effet appartenir en majeure partie au punique, et celles des divinités dont nous mentionnerons seulement les deux principales : *Bel* (4) et *Belisama*, le soleil et la lune.

(1) Casas Pœnorum pastorales *magalia.* (Sallust., Cato, Cassius.) *Magar* punicé *novam villam* significat. (Isid., Origin.)

(2) S. Bochart, Cassiodore, Gassendi.

(3) Les dialectes ou patois usités dans les différentes provinces qui n'ont pas subi autant de variations que les langues polies, ou qui du moins n'ont pas subi les mêmes, contiennent aussi grand nombre de mots étymologiques ; c'est là qu'il faut chercher.   (Turgot.)

(4) Gesenius, Monumenta phenicia. — Fabricy.

Lorsque le phénicien se fut mêlé aux radicaux celtiques, et en eut couvert les aspérités d'une sorte
d'alluvion de voyelles, la douce et harmonieuse langue
d'Ionie arrive, inonde les côtes et la plaine, et ne tarde
pas à envahir toute l'Armorique : aux vestiges qu'elle
a laissés on suit parfaitement sa marche.

———

DIALECTE MARSEILLAIS.

ῥάγιον	agi	petit grain de raisin
ἄγριος	agreno	sauvage
λάβρος	alabré	vorace
λεπὰς	alapedo	coquille adhérente aux rochers
ἀνδρὼν	androun	endroit écarté
ἄγχι	aqui	là
ἀνυψόω	anissar	élever
ἀραίω	aragnaou	filets à mailles larges
ἐργασία	argui	chagrin
ἄρτος	artoun	pain
βέλος	belugo	étincelle
βουφάγος	boufaïre	qui mange un bœuf
βροχίς	bregin	filets
βρῶσις	brousso	nourriture
χαλάω	calar	jeter
χαλινά	calen	filet
καλινδέω	calignar	être assidu
κᾶλον	calignaou	bûche
κάναςρον	canastro	corbeille
κάννα	canisso	claie
κανθὸς	cantoun	angle de l'œil
κάραβος	carambot	crevette
κόλπος	corpou	fond du filet
κόφινος	coufo	corbeille
de κορεία	courous	beau
εἰσάγω	eissaougo	sorte de filet

σκαλμὸς	escaoume	chevilles pour les rames
σκάραβος	escaravas	escarbot
ὖσκα	esco	amadou
σπαράσσω	esparrar	glisser fort
σκάφη	squifou	barque
φανὸς	fanaou	lanterne
φανερὸς	fanous	brillant
φέναξ	fenat	menteur
φρύγω	frégir	frire
γάβις (mot hé-breu)	gabi	hune
γαμψὸς	ganchou	croc
γαγγάμη	gamgui	sorte de filet
χαράδρα	gaudré	torrent
γνάθος	gaoutos	joues
χαίνω	gaugnos	ouies de poisson
γάζα	gazan	trésor
ὑβὸς	gibous	bossu
κωβίος	gobi	goujon
γυίος	goi	boiteux
γοργύρα	gouargo	égoût, gargouille
λίβυς	labech	vent de Lybie
λάμψις	lan	éclair
λάρος	lar	doux zéphir
ἰλεὸς	léou	poumon
μανδρα-ἄγω	madrago	madrague
μάκτρα	mastro	pétrin
μυελώδης	mouledo	semblable à la moëlle
μύσταξ-αχος	moustacho	moustache
νάνος	nanet	petit
νώγαλα	nougat	friandises
ὀχετὸς	ouïde	conduit pierreux
παιδικὸς	pedas	maillot
ποτήριον	pouaïre	seau
ὀαγὰς	ragagé	abime
ῥάξ	raquo	marc de raisin

ῥάζω	rajar	aboyer
ῥοῦς	rusco	tan
σάρδα	sardo .	sardine
σαγμάριος	saoumo	ânesse
σαγήνη	sengounaïre	filet
ἰάλεμος	soulomi	chant lamentable
ταραξίας	théso	allée d'arbrisseaux
βροντή	troun	tonnerre (1)

De Marseille et de la Provence elle se répandit dans le Languedoc, la Navarre, la Guienne, et, gagnant les plateaux du Quercy, du Rouergue, de l'Auvergne, du Limousin et du Périgord, imprima une forte couleur ionique sur tous les dialectes parlés, des Pyrénées aux Alpes, de la Méditerranée à l'Océan, du golfe de Gascogne à l'embouchure de la Loire.

Il est curieux de la suivre aujourd'hui de pays en pays : car, bien que la plupart des mots que je vais citer soient communs à tous les enfants de la vieille Aquitaine, il en est cependant qui appartiennent exclusivement à telle ou telle contrée, et qui peuvent par conséquent nons servir de jalons.

(1) Dans son excellente statistique des Bouches-du-Rhône, M. de Villeneuve (3 vol. in-4° — 1824), a donné quelques-unes de ces origines : mais, soit qu'il comprît imparfaitement le grec ou que M. Martin lui eût fourni des documents erronnés, il les a estropiées étrangement. Ainsi il met καλυμμα pour καλίνα; ανδεὸν pour ανδρῶν; χαλίνος, qui signifie coin de la bouche, pour κᾶλον, buche; κανις pour κάννα, κύφος pour κόφινος, ασκαλαβος pour σκάραβος, γανγαμι, barbarisme inintelligent, pour γαγγαμη; χαυνος pour χαίνω; ιλλαίνω, qui veut dire tourner les yeux, pour λάμψις, éclair; je ne parle ni des lettres transposées ni des esprits.

ANCIEN LANGUEDOC.

ἀγάζομαι	agatza	admirer
ἀμορμεύω	amouda	accompagner les bestiaux
αρπάζω	arrapà	se saisir
ἄνριος, α	agras	verjus
βρύξω	brountzi	bruire sourdement
βότρυς	bourrou	bourgeon
κύφων (1)	coufin	angle intérieur de la cheminée
γαργαρεών	gargaillol	luette
λυχναῖος	lugras	étoiles du matin

ANCIENNE GUIENNE ET GASCOGNE.

αἰγιαλὸς	aigouleja	flotter
καρηβαρέω ou καρηβωάω	caribary	charivari
εν βάθος	en bath	en bas
καῦμα	accaüma	être accablé de chaleur
κάμαξ	camatras	la longue pièce de bois des van-nes
ῥομβέω	roumba	tourner sur soi-même
σίξω	siscla	jeter un cri aigu
ἀῤῥαβονίζω	arra	donner des arrhes
ἀκαλὸς	acalo-te	tiens-toi tranquille
ἀρτάω	énarta	attacher en haut
ἀτυχέω (2)	atuka	accabler
βρῶσις	broust	nourriture de bestiaux
βρέμω	brama	bramer
βράζω	brazo	braise
βλαισὸς	bless	bègue

(1) Et non de κόφινος, ainsi que le veut Ménage par méprise.

βρέχω parf. 2 βέβροχα	} brega	frotter le linge mouillé
κάλλιμος ou καῦμα	} calimas	le moment le plus chaud du jour
καλὸς	calat	beau
μέσον	à metços	à moitié
ἐντὸς	enta	chez
ἐμβάλλω	embala	emballer
μαγὶς	mach	huche à pétrir
ῥάφανος	raphé	raifort
σινδὼν	cindo	ceinture
τορεύω	troü	dévidoir
οὖλον	ouillal	grosse dent

ANCIEN ROUERGUE.

ἄωτον	aoüs	toison
βῆσος	bésal	vallon
βορρᾶς (Borée)	boral	grand bruit
βῶλος	bolto	façon qu'on donne à la terre
βρέφος (tout petit enfant)	brés	berceau
κάψις	caïs	mâchoire
χορεύω	chourra	se délasser
κλάω	clapa	briser
κλώζω	cloua	glousser
κολχικον (herbe de colchide	colcido	chardon
κομπὸς	compis	plein de jactance
λορδὸς	lourd	laid
χαμαίδρυς	chamaedris	chamedrée
κλῆδος	cledos et clida	claie

ANCIEN QUERCY.

βάλλανη	balanè	noisette
βορα	bora	nourriture pour les animaux
βῶλος	biolo	borne des champs
στέλλω	estéla	terme de médecine, resserrer
σήκωμα	souquet	contrepoids
βρῶμος	mos	bouchée
τύμβος	toumbo	tombeau
ῥώχω	roukouna	être en colère
τροτὸς	tripou	sorte de bourrelet où s'attachent les jupes
ἄρρην	arrénat	fort, plein de vigueur

ANCIENNE AUVERGNE.

χάλος	calhir	lampe
χάρα (1)	cara	visage
χατὰ	cata	couvrir
απάγω	amagas,	se cacher
ἐγκλίνω	accluntza	se pencher
μᾶζα	mitza	pain
μονάς	monas	vieilles vaches qu'on fait paître seules
πέλεχυς	pighassa	hache
ἄρουρα	laoura	labourer
χυδονέα	coudougna	cognassier
πανοργεύομαι	pana	voler
χάβος	koup	boisseau

(1)   Glorios Deus, per ta merce
          Dressa ta cara daban me !

                (Folquet de Marseille.)

Ce mot appartient au dialecte du Puy-de-Dôme : dans le Cantal on dit Isára.

PÉRIGORD ET LIMOUSIN.

κύτος	kuto	cachette
κύκλος	céouclé	cercle
καλαμος	calamel	tuyau de chaume
μαλακῶς (ἔχειν)	malaou?	malade
μαλακία	malautia	
χάσκω	casca	émotter
χόρτος	cortil	jardin
οἰμώζω	seimodza	se lamenter
προβαίνω	proubaïna	provigner
σκαιὸς, η	sker, skerro	gauche
τύπτω	tusta	frapper
θηλάζω	alatza	allaiter
καλπάζω	galoupa	galoper
πείσομαι	peçomen	souffrance
ἰσχανω	s'escana	s'étrangler
ἰσχαλέος	escaléto	décharné
κακὸς	kouki	coquin

PAYS BASQUE.

ἄρτος	arthoa	pain
ἱστία	etchea	maison
	idorra	aride
ἴδος	idortea	sécheresse
	uda	été
ἰξία	ihia	jonc
ταρβαλέος	izterbeguia	enuemi
σωρεύω	izorratcea	devenir grosse
ὑπαρκτιος	iparra	vent du nord
ὡραῖος	yoraïla	avril

DAUPHINÉ.

βέλος	béla	nom d'un petit bâton aigu aux deux bouts

βακηλος	bachelard	grand niais
κοτύλη	cotouilli	vase à huile
χαρα	cara	visage
ἐμπυρίζω	empura	faire du feu
πασσαλος (1)	païssel	pieu
πίνω	piot	vin
ῥαβαττω	rabatta	se trémousser

Telles sont les principales preuves de l'ancien usage du grec en Armorique. Il y était, à ce qu'il paraît, général, car dans le pays même qui a repoussé le plus énergiquement et le plus longtemps toute influence étrangère dans le cœur de la Bretagne, nous retrouvons la trace incontestable de son passage.

D'ἕως,
πέμπε,
χαρίζομαι,
βρασκω,
κέλω,

Dérivent à coup sûr :

héol	soleil
pemp	cinq
karet	aimer
broust	hallier
kelen	instruire

Ce fait, du reste, nous est suffisamment attesté par les historiens. *Ephore* appelle les Gaulois φιλέλληνες, et *Justin* (2), abrégeant un auteur indigène, assure qu'ils

(1) M. Champollion Figeac, dans son essai sur les patois du Dauphiné, a par erreur attribué ce mot au celte.

(2) Liv. 2. Voir en outre César, saint Jérôme, Gibbon.

parlaient presque tous la langue de Marseille. Leur témoignage, corroboré par les recherches du savant M. Dacier (1), et devant puiser une confirmation nouvelle dans les débris helléniques (2) qui viennent d'être signalés, nous semble mettre la question hors de doute. Nous passons donc à l'invasion la plus importante et la plus décisive, celle du latin.

On peut comparer l'envahissement du latin à ces larges inondations du Nil, qui submergent le pays, et ne laissent apparaître çà et là que les okelles et les minarets de quelques villes : de même, à part les ruines de la langue des Celtes et celles de la langue des Phéniciens et des émigrants de Phocée, le latin couvre comme une mer toute la Gaule nouvelle. Voyez seulement dans les trois premières lettres.

LANGUE MÉRIDIONALE.

alba (aube)	d'alba aurora
alba (saule)	alba arbor
aliena	alienare
all	allium

(1) Supplément au traité de Henri Estienne, de la Conformité du Langage français avec le grec. (Mém. de l'Ac. des inscript., t. 38.)

(2) Je n'ai suivi aucun des auteurs qui se sont occupés de cette partie, leur inexactitude étant flagrante à chaque mot. Pour n'en citer que deux, *Mérindol* (dans ses termes provençaux tirés du grec) note comme ayant cette origine, *habitar* (habitare), *abandonar*, *abrils* (aprilis), *accommodar* (accomodare), *adormit* (dormire), *adjudar* (adjuvare) ; et *Perionius* (De linguæ gallicæ cum græcâ cognatione) attribue, par exemple, au verbe $\dot{\alpha}\tau\dot{\upsilon}\zeta\omega$ avoir horreur ; le verbe attiser ; au mot $\gamma\grave{\epsilon}\rho\rho o\nu$ dérivé d'osier ou de natte, et qui ne se prend pour bouclier que métaphoriquement, le mot *guerre*, et notre mot jardin à l'expression $\dot{\alpha}\rho\delta\epsilon\acute{\iota}\alpha$, plus ingénieuse que juste, car personne n'ignore que jardin en grec se dit $\chi\acute{o}\rho\tau o\varsigma$.

aoutan	altanus (vent)
auta	altar
amabilitat	amabilitas
amaretjo	amaresco
amaretat	amaritas
amar,	amarus
ambitiou	ambitio
amiga	amica
amic	amicus
ama	amare
ample	amplè (amplement)
amputa	amputare
abbat	abbas, atis
d'éforo	d'aforis (dehors)
d'abi (allez)	bai (allez)
abouli	aboleo
abouminable	abominabilis, et autrefois abomina-belis
abstinensa	abstinentia
abundentia	abundantia
abundent	abundans
abunda	abundare
abyssi	abyssi, abyssus
academia	academia
accepta	acceptare
acceptat	acceptatum
acclamatiou	acclamatio (proncez *o* ou)
acclina	acclinare
accusatiou	accusatio (pron. *o* ou)
accusa	accusare
accusatus	accusatum
agre	acer
accommoda	accommodare
agrou	acror (pron. our)
actiou	actio (pron. ou)
aduja	adjuvare

administra	administrare
admiratiou	admiratio
admira	admirari
adoptat	adoptatus
adopta	adoptare
adoratiou	adoratio
adora	adorare
adorat	adoratus
adultera	adulterari
adversari	adversarius
ædifici	ædificium, ii
æquitat	æquitas
æstiou (été)	æstivus (pron. ous, été)
æstiva (passer l'été)	æstiva (lieux où l'on passe l'été)
æstima	æstimare
æternitat	æternitas
affectatiou	affectatio
affecta	affectare
affectat	affectatus
affectuous	affectuosus (pron. les 2 *o* ou)
affirmatiou	affirmatio
affirma	affirmare
affirmat	affirmatus
aggrava	aggravare
agitatiou	agitatio
agita	agitare
agitat	agitatus
agnel	agnellus
agiagir	(infinitif passif agi)
agonia	agonia
ala	ala (aile)
alirou	alarius (d'aile)
alat	alatus
anel	anellus
angel	angelus
animat	animatus

anima	animare
anniversari	aniversarium
ansa (anse)	ansa
antipathia	antipathia
antiquitat	antiquitas
antic	antiquus
api	apium
apostema	apostema
apostoul	apostolus
apouthicary	apothecarius
appela	appellare
applica	applicare
applicat	applicatus
approuba	approbare
aptitudo	aptitudo
araïre	ararium
arada	arata, tellus
arca	arca (coffre)
arcano (arc-en-ciel)	arcanum (mystérieux)
ardou	ardor (pron. *or our*)
argenta, désargental	argentatus
argoutat	argutus
armari	armarium
armat	armatus
arma	armare
arguen (dauphinois)	anguis
bacchanal	bachanal(rendez-vous des bacchantes)
Bacchus, ivrogne	Bacchus
caliol (roux, tacheté)	baliolus
barbari	barbaricus
barca	barca
baisar	basium
bastina (selle de mulet)	basternarius (mulet à litière)
bel	bellus
bella	bella
benezit	benedictus

benefici	beneficium, ii
bestia	bestia
bestial	bestialis
bestiola	bestiola
beoure	bibere
begut	bibitus
bilious	biliosus
bina	binare
birouna	bis rotunda
biassa	bisaccium
blasphema	blasphemare
booü	bos, bovis
breviari	breviarium
bruc (champignon)	brucus (lourd)
bruma	bruma
bulli	bullire
bouis	buxus (pron. les deux *u* ou)
cabal, caballo	caballus (cheval)
seba	cepa (oignon)
caramel (tuyau de blé)	calamus
galgat	calcatus, a, um
calcat (il foule)	calco (fouler avec les pieds)
caouda	calda (chaude)
calfat	calefactus
calfa	calefacio ou calfacio
clama	clamare
calo te (tais-toi)	calo, as, are (appeler)
calou	calor (pron. calour)
cambia	cambio, are (changer)
cambi (troc)	cambium, ii
camel (chameau)	camelus
cramba	camera (chambre)
chamineio	camino (bâtir en forme de cheminée)
camisa	camisia
campana (cloche)	campana, æ
cam	campus

candela	candela, æ
cande	candens (blanc)
candou	candor (pron. candour)
can	canis (chien)
cannabou	cannabis (chanvre)
cantat	cantatus (chanté)
cansou	cantio (pron. cautiou)
capela (chapelle)	capella, æ
capela (prêtre)	capellanus
cabrit (chevreau)	caper, i
capel (chapeau)	capillus
capitatiou	capitatio (pron. capitatiou)
craba	capra
capulet	capulatus (dont le bonnet a une houppe
cap	caput
carbou	carbo (pron. ou)
cardou	carduus (pron. ous, chardon)
caritat	caritas (charité)
car	caro (chair)
carles	carolus
carrada	carrum
carreta	rheda (chariot)
car (cher)	carus
casal (jardin)	casalia (limites champêtres)
cadena	catena, æ
cadenat	catenatus
cadiera	cathedra
cardi (oiseau)	cardinal
caüles	caules (choux)
causa (chose)	causa
cautiou	cautio (caution, pron. ou)
cela	celare (cacher)
celebra	celebratus
centena (certaine quantité de fil pendue au plancher)	centenæ pondus (poids de cent livres)

complica	complicare
cerbel (cerveau)	cerebellum
cira	cerare (enduire de cire)
cerous	cerosus (pron. ous, mêlé de cire)
cessat	cessatus
caüa	cauda
caractary	character
carta	charta (estampe)
corda	chorda
crestia	christianus
cindj	cingo (se ceindre)
cingla	cingula (sangle)
civilitat	civilitas
clartat	claritas
cla	clarus
claus	clausura (lieu fermé)
claü	clavis (le v se prononce u)
coyt	coctus (cuit)
cœl	cœlum
cœmenteri	cœmeterium, ii
coullectou	collector (pron. les deux o ou)
coullino (colline)	collinus
col	collum
coulou	color (pron. ou les deux o)
coula	colare (clarifier)
recommendatiou	commendatio
coumoditat	comoditas
comodé	comodus
communicatiou	communicatio (pron. ou)
communica	communicare
communiou	communio (pron. ou)
comedia	comœdia
compendis (délais, par antiphrase)	compendium, ii (sommaire, abrégé)
compensat	compensatus
compensa	compensare

complicat	complicatus
compositiou	compositio (pron. *o* ou)
conceptiou	conceptio
conceput	conceptus
conciliatiou	conciliatio
conciliat	conciliatus
concilia	conciliare
concepre	concipere
condamnatiou	condemnatio
condamna	condemnare
condamnat	condemnatus
conditiou	conditio
conductou	conductor (pron. our)
counfessiou	confessio (pron. confessiou)
couffessou	confessor (pron. our)
capou	capo
confirmatiou	confirmatio (pron. ou)
confirmat	confirmatus
confirma	confirmare
confiscatiou	confiscatio
confiscat	confiscatus
confisca	confiscare
damna	damnare
damnat	damnatus
diouré	debere
dibes	debes
debitou	debitor
declina	declinare
declamatiou	declamatio
declama	declamare
declara	declarare
declaratiou	declaratio
deforma	deformare
decora	decorare
defensou	defensor

degoutina	deglutinare
deli	deleri
delici	delicium
delicious	deliciosus
deliri	delirium
deperi	deperire
depravatiou	depravatio
dereissa	deradere
desira	desiderare
desirat	desideratus
desolatiou	desolatio
desola	desolare
desolat	desolatus
despera	desperare
desperat	desperatus
despouilla	despoliare
despoliat	despoliatus
destinatiou	destinatio
destina	destinare
destinat	destinatus
destitutiou	destitutio
determina	determinare
detesta	detestari
desturba	deturbare
devora	devorare
devotiou	devotio
dicta	dictare
dia	dies
diffama	diffamare
diffamat	diffamatus
difficultat	difficultas
digestiou	digestio
dit, det	digitus
discerta	discertare
dispandere	spandi (étendre)

dissentiou (sentiment opposé)	dissentio
disputa	disputare
disputat	disputatus
disseca	dissecare
disserta	dissertare
dissertatiou	dissertatio
dissolut	dissolutus
distraïre	distrahere
diberti (se)	diverti
doli	dolere
douelo (douve)	dolium
doulou	dolor (pron. les deux o ou)
domicili	domicilium, ii
domina	dompna d'abord, puis dame
donatiou	donatio
dona	donare
donat	donatus
doun	donum (pron. ou)

Je m'arrête, car en continuant ce rapprochement ou plutôt cette collation, l'on épuiserait les dictionnaires, et il nous reste une autre tâche. Oublions pour un moment (nous allons y revenir) la longue domination romaine, et achevons de constater d'abord l'empreinte des sandales gothiques, et enfin celle que laissèrent dans leur brillant passage les cavaliers arabes.

GOTHIQUE.

*Langue méridionale du **XII**e siècle.*

azar	azar	hasard
barri	barri	faubourg

L'on doit remarquer toutefois, à propos de cette expression, qu'elle appartenait sous forme homologue aux Celto-Bretons et aux Grecs, *bar* et βάρις.

bandum (1)	bandera	bannière
bank	bank	juridiction
baltha (2)	bauz	hardi
boschen (3)	bosches	bois
barkos (4)	branko	branche
bürger	burgés	bourgeois
baster	bastar	bâtard
bank	bank	banc
balken	balkoun	balcon
kater	kat	chat
kratzen	krabissa	battre jusqu'au sang
gloczen	cloccio	cloche
kautz	chaüc	chouette
verbannen	forobandi	bannir
forst	fourest	forêt
farlen	fali	s'éteindre
frau	frëmo	femme
gaw	gaüro	route pierreuse
gans	gans	oie

Il est à observer que ce mot se retrouve identiquement dans le celtibère et dans le sanscrit. *Gans, hamza.*

garbe	garbo	gerbe
graben	graba	graver, creuser
vratzen	gratta	gratter
garten	jardi	jardin
harnisch	arnès	harnais

(1) Ab hugone. Grotio.

(2) Jornandès.

(3) Adrianus Scriekius.

(4) Astruc. (Mémoires pour servir à l'histoire du Languedoc.)

helm	elm	heaume

Can seretz en torney,
Si creire voletz mey,
Totz vostre garnimens
Aiats cominalmens
L'ausberc e l'*elm* doblier...

(Arnaud de Marsau.)

Quand irez au tournoi,
Si vous voulez m'en croire,
Emportez comme moi
Le harnais des batailles,
Heaume, cotte de mailles...

haring	haren	hareng
haus	ost	maison
herberghe	albergaria	auberge
hosan	hosa	botte
mat	mato	fou
mantel	mantel	manteau
mangeln	manqua	manquer
laesen	laissen	laisser
milz	melço	foie
melken	meskla	mêler
muschel	musclé	moule
maska	maska	sorcière
nacht	necht	nuit
nebel	niboul	nuage
nachteule	nitchoulo	hibou
rauben	raubar	voler
reinhard	reinard	renard

Un *reinard*
Su lou tar,
Se contouno
Soû n'o touno
De Muscat.....   (Le père Foucaud.)

(Traduction des Fables de Lafontaine en limousin.)

ratte	rat (1)	rat
ranzig	ranzi	rance
saal	sàla	salle
schelle	schilla	clochette
sporn	spéron	éperon
spuren	spia	épier
scherpe	icharpo	écharpe
spaten	spaza	épée
tasche	tasco	proche
tasten	tasten	tâter
thor ou *door*	cadaoüro (2)	loquet

Les vestiges des Sarrazins marquent moins profondément sur la langue :

ARABE ET ARABE VULGAIRE D'ALGER ET DU CAIRE.

amâluc	amaluc	croupion
algibiz	aujubis	raisin mielleux
algârab	garach	bouton des paupières
bôthor	boutou	tumeur
bârât	albaran	quittance
cuchem (3)	cucua	capulet
gips (4)	gyps	plâtre
forn	forn	four
gâmel (5)	camel	chameau
yâsmyn	iasmin	jasmin
ligan	ligan	licol

(1) Avant néanmoins *mus* avait fait *murgetto*, souris.

(2) Del temple d'Apollo lébaras la cadaouro.

(Rouergue, le Prieur de Pradinas.)

(3) Christ. Adelung. Mithrid.

(4) Tous les mots en italique font partie de l'arabe vulgaire, ils ont été recueillis en Egypte par le docteur *Labat* (chirurgien de Méhémet-Ali) et à Alger par moi.

(5) A Alger, *djemcl*.

leymoun	limoun	citron
bous	poutou	baiser
bardâäh	bardo	selle d'âne
berdoun	berdoun	chardonneret
khetten	kresta	châtrer
kerrátah	karreta	charrette
endib	endibo	chicorée
gorbân	gorp	corbeau
lerendj	lirandj	l'orange
meskyn	meskyn	malheureux
nam, nais	nanaï	lit
gachar	qachar (se)	s'écorcher
raqs	râqo	amusément fou
sekhanah	sekhado	sécheresse
saquatt	sâqar	donner un coup violent
sabatt	sabâtto	chaussure
mirary	miral	miroir
salatha	salata	salade
serfoull	serfouil	cerfeuil
quamise	camise	chemise
quitran	quitran	goudron
subeth (1)	subeth	apoplèxie
salam-alayk (2)	salamalec	grandes salutations
trescalan	trescalan	millepertuis
zahafran	safran	safran
tabol (3)	tabol	tambour

Voilà donc huit couches principales, superposées
dans la langue du Midi, et parfaitement évidentes. La

(1) Astruc.

(2) Reinaud. Invasions des Sarrazins.

(3) Dicesi che la moderna lingua araba ecceda notabilmente la litteraria
nell abondanza di parole, à tal segno che in due dijunari arabi si ritro-
vano scritti milli termine per significare la spada, ottocento per significare il miele, cinque cento per significare il lione etc.

(D. Lorenzo Hervas. Catalogo delle lingue conosciute.)

présomption qui résultait naturellement de l'ancienne nationalité ou du long séjour des huit peuples dans le pays aquitain est devenue une certitude ; et posant désormais comme prouvée la conclusion que nous présentions plus haut comme probable, nous pouvons dire que la langue méridionale du XIIe siècle ne fut qu'une fusion progressive opérée entre le celte, celto-breton, celtibère ou basque, et le phénicien, le grec, le latin, le gothique et l'arabe.

Maintenant il s'agit de savoir comment cette fusion s'opéra, ou, en d'autres termes, comment fut constituée la langue.

Tel sera l'objet de notre seconde partie.